LES ERREURS
LES PLUS COURANTES AU
TENNIS
ET COMMENT LES EVITER

OSCAR AVILA MATEO

LES ERREURS
LES PLUS COURANTES AU
TENNIS
ET COMMENT LES EVITER

EDITIONS DE VECCHI

© 1983 Editions De Vecchi S.A. - Paris
Imprimé en Italie

La loi du 11 mars 1957 n'autorisant, aux termes des alinéas 2 et 3 de l'article 41, d'une part, que les «copies ou reproductions strictement réservées à l'usage privé du copiste et non destinées à une utilisation collective» et, d'autre part, que les analyses et les courtes citations dans un but d'exemple et d'illustration, «toute représentation ou reproduction intégrale, ou partielle, faite sans le consentement de l'auteur ou de ses ayants droit ou ayants cause est illicite» (alinéa 1er de l'article 40).
Cette représentation ou reproduction, par quelque procédé que ce soit, constituerait donc une contrefaçon sanctionnée par les articles 425 et suivants du Code Pénal.

Je dédie ce livre à mon père
qui m'a initié à ce sport,
beau, passionnant et
très difficile.

Introduction

En écrivant ce livre, mon intention a été de donner aux lecteurs qui aiment le tennis, une idée claire non seulement de la technique fondamentale, indispensable pour pratiquer ce sport avec aisance et élégance, mais aussi des erreurs commises couramment et que l'on doit éviter.

J'ai préféré laisser de côté certains chapitres comme l'habillement, l'histoire du tennis, les règles du jeu, etc., que le lecteur trouvera dans n'importe quel autre manuel, pour me consacrer entièrement à l'explication technique et détaillée des coups.

Ensuite, guidé par mon expérience d'entraîneur de tennis, j'ai exposé, d'une manière succincte et sans entrer dans des détails techniques trop élaborés, les erreurs généralement commises.

Désirant avant tout donner une idée précise des différents coups pratiqués au tennis, j'ai commencé ce volume par un tableau explicatif de ceux-ci.

J'ai consacré partie de cet ouvrage à l'explication, moins détaillée pour que la lecture en soit plus agréable, de la tactique des différents coups et de la façon de jouer en double.

Oscar Avila Mateo

Tableau synoptique des coups fondamentaux du tennis

Coup droit ou « drive » (coup exécuté du côté droit du corps)	*Horizontal* — trajectoire rectiligne ; — peu d'effet ; — coup classique en tennis ; — c'est le coup le plus rapide qui existe. *Chop* — coup effectué de haut en bas ; — coup très sûr du fond du court ; — on l'utilise fréquemment pour les montées au filet ; — effet de rotation en arrière. *Lifté* — coup effectué de bas en haut ; — très lent mais sûr ; — utilisé pour contrôler la balle et pour donner plus de puissance au coup ; — effet de rotation en avant.
Revers (coup exécuté du côté gauche du corps)	*Horizontal* — trajectoire rectiligne ; — la balle est frappée devant le genou droit ; — idéal pour le passing-shot ; — il est déconseillé pour maintenir la balle en jeu du fond du court.

Coupé
(topspin)
— effet de rotation en arrière ;
— coup effectué en frappant la balle de haut en bas dans sa partie inférieure ;
— idéal pour un échange de balles du fond du court et pour les montées au filet ;
— trop lent, il ne peut être utilisé pour le passing-shot.

Lifté
(backspin)
— coup ayant un effet de rotation en avant ;
— trajectoire très lente, rebond élevé;
— utilisé fréquemment dans les matchs de championnats ;
— idéal pour les passing-shots au pied de l'adversaire et pour les balles croisées.

Lob (coup effectué en lançant la balle vers le haut)

D'attaque
— lifté, coup de bas en haut. Impossible à renvoyer.

Défensif
— très haut, rebond près de la ligne de fond, idéal dans les situations embarrassantes ;
— très efficace dans un double, il est conseillé d'ouvrir la raquette au moment de la frappe.

Smash (renvoi d'un lob)	*Direct* — sur une balle courte de l'adversaire, se fait sans rebond en écrasant la balle de haut en bas avec force ; — sur un lob long, se fait du fond du court par un coup précis par-dessus la tête et un saut en ciseaux. *Indirect* — avec rebond, retour d'un lob défensif de l'adversaire, se fait du fond du court.
Drop-shot (balle amortie qui atterrit très près du filet)	— coup très efficace si l'adversaire se trouve au fond du court. Le secret du drop-shot est dans la feinte du coup ; — la balle est prise par en dessous, avec le poignet ; — contrairement à ce que l'on pense généralement, c'est un coup offensif et non défensif qui sert à changer le rythme d'un tournoi et à amener l'adversaire au filet.
Demi-volée	— balle frappée immédiatement après qu'elle a rebondi ; — exécuté parfaitement, il peut donner l'avantage dans les montées au filet ; — le mouvement doit être très ample et accompagner légèrement la balle le plus loin possible.

Volée (coup joué sur la balle en vol avant qu'elle touche terre)	*Haute ou d'attaque* — s'exécute de haut en bas avec effet ; — bien exécutée, elle est imprenable. *Basse ou défensive* — s'exécute de bas en haut avec la raquette légèrement ouverte ; — elle est très dangereuse et très difficile à retourner. Les jambes doivent être très fléchies.
Service (coup très difficile du tennis, exige une grande coordination des mouvements)	*Plat* — lancement de la balle en avant ; — trajectoire très rapide (elle peut atteindre une vitesse de 240 km/h) ; — utilisation : premier service. *Coupé* — lancement de la balle vers la droite ; — trajectoire : de gauche à droite ; — frappe : partie supérieure de la balle, la raquette inclinée, comme un couteau ; — utilisation : débordement latéral de l'adversaire, très utilisé au second service.

Lifté
— lancement de la balle vers la gauche ;
— trajectoire : parabole, rebond élevé ;
— coup : de gauche à droite et de bas en haut ;
— utilisation : second service. Idéal pour les montées au filet.

TECHNIQUE DE BASE

POSITION D'ATTENTE

LA PRISE DE LA RAQUETTE

LE COUP DROIT (DRIVE)

LE REVERS

LES EFFETS DANS LE COUP DROIT ET LE REVERS

JEU DE JAMBES

Technique de base

Voici les sept conseils fondamentaux pour un bon joueur de tennis.

1. Décomposez les coups en plusieurs temps. Vous pourrez ainsi programmer dans votre tête la séquence des gestes.
2. Le rôle de l'œil. Tout au long de ces pages, je n'aurai de cesse de répéter : observez la balle attentivement ; en effet, l'œil doit constamment suivre la balle tout en surveillant de côté l'adversaire.
3. La tête doit toujours être relevée. Les yeux doivent suivre la balle mais la tête doit rester droite.
4. Après avoir frappé une balle, revenez immédiatement au milieu du court pour ne jamais laisser le moindre espace libre où l'adversaire pourrait placer la balle.
5. Attention à la fin des différents coups. Il est très difficile qu'un coup soit parfait si le mouvement est mal terminé.
6. Point d'attaque idéal : au sommet du rebond ou juste après, à la hauteur de la taille, au niveau de l'épaule droite pour le revers, et pour le coup droit légèrement à l'avant de l'épaule droite (presque à la hauteur de l'épaule gauche).
7. Double appui au sol. Les deux pieds au sol constituent la position idéale dans laquelle vous devez vous trouver pour exécuter un coup du fond du court ; lors du mouvement de frappe, passez le poids du corps du pied arrière au pied avant.

Position d'attente

Il est important d'apprendre la position de base et la façon de tenir la raquette. Suivez donc attentivement les conseils de votre professeur pour adopter la position suivante (fig. 1) :
— tronc droit ;
— tête relevée ;
— bras fléchis le long du corps ;
— jambes légèrement pliées ;
— pieds parallèles ;
— poids du corps sur la pointe des pieds.

Figure 1

La prise de la raquette

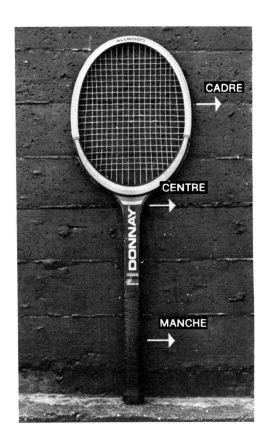

Etudions les trois façons de tenir la raquette, bien que la troisième ne soit pratiquement jamais utilisée à cause des difficultés qu'elle présente.

Prise continentale (marteau)

Saisir le manche comme un marteau, au même niveau que l'avant-bras qui doit former, avec la raquette, un angle, de 100 à 110° environ.
La prise continentale n'est pas idéale

21

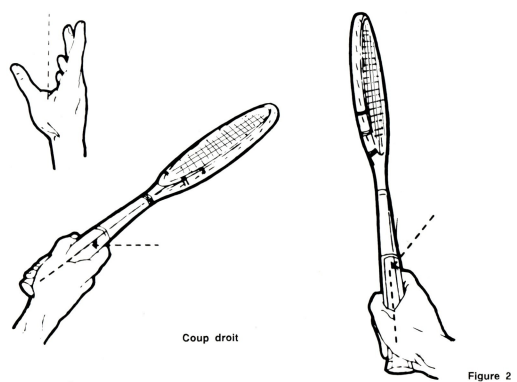

Coup droit

Figure 2

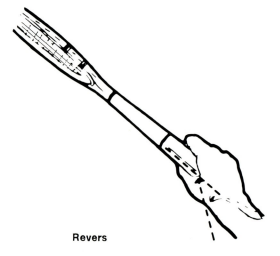

Revers

pour les débutants : en effet, elle exige une grande force dans le poignet car pratiquement toute la main se trouve sur le manche de la raquette. Elle est conseillée seulement pour la volée, le service, et le smash car elle permet le jeu de poignet qui est indispensable surtout dans le service et le smash. Dans la volée, l'avantage consiste à ne pas avoir à changer de prise, ce qui est souvent difficile à réaliser sur les distances courtes.

Prise orientale (eastern)

C'est la prise appelée « poignée de mains ». Prenez la raquette comme si vous serriez la main à quelqu'un. Personnellement, je trouve que c'est la prise qui offre le plus d'avantages car le poignet assure le coup ; le revers s'exécute en tournant la main vers l'intérieur de la raquette (fig. 2).

Prise occidentale (western)

Pour trouver cette prise, qui est totalement tombée en désuétude, posez la raquette sur une marche d'escalier et saisissez le manche depuis le haut. De cette façon, vous pourrez exécuter les coups droits et les revers sans avoir à changer la position de la main ni celle des doigts.

Note. L'expérience m'a montré que chaque joueur saisit la raquette à sa façon. L'important est de ne pas perdre de temps à changer de prise au moment de l'exécution du coup mais, si vous le faites, agissez rapidement. La pratique vous apprendra quelle est la meilleure prise à adopter pour vous sentir à l'aise.

Le coup droit (ou drive)

Séquence des mouvements

1. Préparation du coup (fig. 3).
2. Position des pieds au moment de frapper la balle et à l'instant où la balle et la raquette entrent en contact (coup plat) (fig. 4).
3. Fin du coup (fig. 5).
4. Retour au milieu du court et position d'attente (fig. 6).

Points importants

- *Premier temps : préparation*
— L'angle raquette - avant-bras n'est pas le même que pour la position d'attente ou le revers.
— La raquette est légèrement inclinée par rapport au niveau de l'avant-bras.
- *Deuxième temps : impact*
— La balle est frappée légèrement en avant de l'épaule droite, jamais devant l'épaule gauche.
— Le bras droit est ouvert, mais jamais complètement allongé.
- *Troisième temps : fin du coup*
— Déplacement du poids du corps de la jambe droite à la jambe gauche qui est en avant.
- *Quatrième temps*
— Retour à la position d'attente.

Note. Etudiez attentivement le rôle que joue la main gauche dans le coup droit, elle sert de point de mire et de contre-poids pour le corps. Elle est également favorable à un coup sans contre-pivot, à la fin de celui-ci.

Figure 3

Figure 4

Figure 5

Figure 6

ERREURS COURANTES

- Préparation du coup avec la tête de la raquette baissée.
- Prise de revers excessive, le poignet est trop forcé ce qui empêche l'exécution d'un bon coup ; les personnes qui utilisent la prise de revers pour le drive ont, en principe, un coup droit trop coupé.
- Epaules légèrement tournées.
- Ouverture trop lente et perte d'un temps très précieux.
- Coude trop ouvert au moment du rejet du bras en arrière (préparation du coup).
- Fléchissement des jambes insuffisant.
- Tête trop penchée.
- Fin du coup défectueuse sans allonger le bras.
- Poignet trop mou au moment de l'impact. Le poignet ne doit bouger que pour diriger le coup.
- Mauvaise position des jambes.
- Retour à la position d'attente trop lent : un vide se crée au moment où votre adversaire est prêt à vous renvoyer la balle.
- Saut au moment de frapper la balle ; le saut ne doit venir qu'après l'impact pour déplacer le poids du corps sur la balle et donner ainsi plus de puissance au coup.

Le revers

Points importants

- *Premier temps : préparation*
  — Le poignet doit rester ferme.
  — L'angle raquette - avant-bras ne change pas.
  — La tête de la raquette est légèrement ouverte (fig. 7).
- *Deuxième temps : impact*
  — La balle est frappée au niveau de l'épaule droite.
  — Allongez le bras droit (fig. 8).
- *Troisième temps : fin du coup*
  — Pendant l'exécution du coup, le poids du corps de la jambe arrière s'est déplacé sur la jambe avant (fig. 9).
- *Quatrième temps*
  — Retour à la position d'attente (fig. 10).

ERREURS COURANTES

- Relâcher le poignet au moment de l'impact.
- Ne pas tourner les épaules, ce qui empêche la rotation du corps.
- Ne pas frapper la balle avec le centre de la raquette.
- Achever le coup sans avoir complètement allongé le bras.
- Frapper la balle en sautant au moment de l'impact.
- Ne pas déplacer le poids du corps de la jambe arrière à la jambe avant, au moment de frapper la balle.
- Frapper la balle sans fléchir les jambes.
- Ne pas avoir le buste droit au moment de l'exécution du coup.
- Erreurs commises à la suite d'un mauvais jeu de jambes (balle qui vient sur vous, balle que vous n'arrivez pas à frapper, etc.).

Figure 7

Figure 8

Figure 9

Figure 10

Les effets dans le coup droit et le revers

Au tennis, il existe trois sortes de balles : plates, liftées et coupées ; leur déplacement est indiqué par les flèches (fig. 11).

- La balle *plate* est celle qui a le moins d'effet ; sa trajectoire est rectiligne, c'est la balle la plus puissante mais aussi la plus dangereuse pour le joueur car elle a facilement tendance à sortir du terrain.
- La balle *liftée* a un effet de rotation en avant qui la rend très lente, mais quand elle rebondit, elle effectue un mouvement vers le haut très rapide. Cet effet est très souvent utilisé par les joueurs pour contrôler la balle sans la faire sortir du court et pour donner plus de puissance au coup. La balle liftée est frappée de bas en haut.
- La balle *coupée*, qui a un effet de rotation en arrière, sert également à contrôler la balle ; une balle coupée est frappée de haut en bas. C'est un coup très recommandé pour la montée au filet, surtout en revers ; pour le coup droit, une balle liftée ou coupée permet de monter au filet. Si vous voulez dépasser un adversaire qui monte au filet, n'utilisez jamais une balle coupée, qui est trop lente, mais une balle droite ou liftée. En résumé de ce qui a été expliqué sur les effets, nous pouvons dire qu'ils sont un moyen de contrôle sur la balle et un

effet de surprise sur l'adversaire. Ils permettent également de changer de rythme dans un jeu de fond de court.

Figure 11

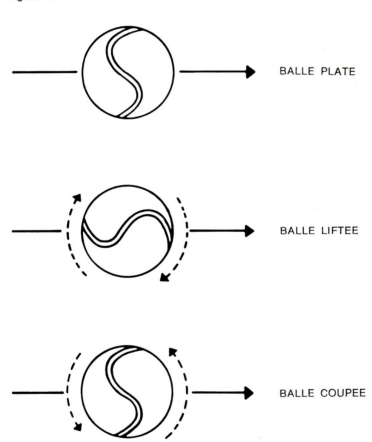

BALLE PLATE

BALLE LIFTEE

BALLE COUPEE

ERREURS COURANTES

- Une des erreurs les plus caractéristiques quand on frappe une balle liftée, c'est de la prendre de bas en haut sans allonger le bras en avant, c'est-à-dire en achevant le coup presque à côté de l'oreille droite et en lançant une balle molle.
- Si on lifte trop le coup, il s'affaiblit, l'adversaire reçoit donc bien notre balle. Il nous faut utiliser les effets sans les exagérer.
- La balle coupée est fréquemment utilisée par les débutants qui, sans le vouloir, puisqu'ils ignorent la technique du coup horizontal, impriment à la balle un effet de haut en bas et l'envoient très près du filet en marquant ainsi un point, mais ce n'est qu'une erreur appelée l'amortie du débutant.

Drive lifté

1. Préparation
2. Impact
3. Fin du coup

Revers lifté
1. Préparation
2. Impact
3. Fin du coup

Jeu de jambes

Figure 12

1. *Déplacement : pas simple*
Le pas simple de déplacement est la base de tous les déplacements vers la balle et nous apprend la vitesse de réaction ; on commence le pas avec la jambe gauche pour le coup droit (fig. 12) et avec la jambe droite pour le revers.

2. Double appui au sol

Double appui au sol au moment de frapper la balle : c'est la position d'équilibre vraiment idéale pour renvoyer la balle du fond du court. Droit : fig. 13.

3. Pas de côté ou retour à la position d'attente

Le pas de côté est utilisé pour revenir à la position d'attente après avoir effectué des déplacements latéraux. (fig. 14).

Figure 13

Figure 14

ERREURS COURANTES

- Ne pas prendre appui sur la pointe des pieds est une erreur fréquemment commise par les joueurs. Disons qu'un bon joueur ne doit jamais prendre appui sur ses talons mais plutôt danser, comme le font les boxeurs.
- Sauter au moment de l'impact ou du coup.
- Ne pas revenir à la position d'attente immédiatement après avoir frappé la balle, en laissant des vides.

LE SERVICE

Le service

J'essaierai de décomposer le service en quatre temps, en mouvements simples et faciles pour une meilleure compréhension de l'élève. Dans un

premier temps, je lui apprendrai la position exacte du serveur : jambes fléchies, prise de marteau, bras repliés, la balle entre les doigts de la main gauche. La raquette s'oriente dans la direction de la trajectoire désirée, le poids du corps repose légèrement sur la jambe avant. Observez la position des pieds sur les photographies.

Etude du service en quatre temps

Premier temps : préparation du coup
Second temps : lancement de la balle

Troisième temps : moment de la frappe ou coup horizontal
Quatrième temps : fin du coup

Position du serveur en phase de concentration

- *Premier temps : préparation du coup.* Il consiste à porter le bras droit vers le bas et plier ensuite le coude à la hauteur des épaules ; dans ce premier temps, le poids du corps est déplacé à l'arrière pour prendre de l'élan (fig. 15).

- *Deuxième temps : lancement de la balle.* La balle doit être lancée à un mètre au-dessus de la main gauche (fig. 16).

- *Troisième temps : moment de la frappe.* Tout le poids du corps doit être reporté sur la jambe gauche, l'avant-bras, plié au niveau du coude, doit s'allonger vers l'avant en montant pour frapper la balle. L'épaule, le coude et le poignet s'élèvent pour imprimer une accélération progressive à la raquette (fig. 17).

- *Quatrième temps : fin du coup.* Le coup est terminé quand la raquette achève sa courbe par une descente à gauche du corps.
  Une fois que l'élève maîtrise bien ces quatre temps, il peut commencer à apprendre la technique du service coordonné en deux temps (fig. 18).

Figure 15   Figure 16

Figure 17

Figure 18

Service coordonné en deux temps

Dans le service plat, la balle doit être lancée légèrement à droite de la tête.

Il s'agit d'effectuer deux mouvements en un seul temps : mouvement de lancement de la balle vers le haut avec le bras gauche, et mouvement de préparation du coup avec le bras droit vers le bas. Il s'agit là de deux gestes opposés, l'un vers le haut, l'autre vers le bas. C'est le calvaire des débutants et il est donc très important de s'y exercer souvent. Observez bien les figures 19, 20 et 21.

- *Premier temps* : préparation du coup et en même temps lancement de la balle. Le poids du corps se déplace sur la jambe arrière, l'avant-bras est replié au niveau du coude, on marque un temps d'arrêt avant d'attaquer (fig. 19).

- *Deuxième temps* : extension, vers le haut, du bras replié, coup et fin du mouvement descendant sur le côté gauche du corps avec une accélération progressive et ininterrompue. Le poids du corps passe de la jambe arrière à la jambe avant (fig. 20 et 21).

Une fois que nous aurons bien appris le service coordonné en deux temps, nous apprendrons à servir en position de déséquilibre, pour retomber sur la jambe droite (en vue d'éventuelles montées au filet).

Figure 19

Figure 20

Figure 21

Service coupé

Dans le service coupé, la balle est lancée à droite et toujours au niveau de la ligne de fond ; la raquette décrit une courbe d'arrière en avant et revient immédiatement sur la gauche, après la frappe. La raquette agit ainsi comme un couteau et coupe la balle à sa partie supérieure droite. Le service coupé est utilisé pour la seconde balle. Les gauchers s'en servent beaucoup car ils débordent les droitiers sur le revers (fig. 22, 23 et 24).

Figure 22

Figure 23

Figure 24

Service lifté

La balle est lancée à gauche. La raquette décrit une courbe de gauche à droite, de bas en haut et d'arrière en avant ; la balle est frappée plus bas que dans le service plat (fig. 25, 26, 27 et 28). Le rebond est élevé et dévié, ce qui fait perdre du temps à l'adversaire et permet ainsi de monter au filet.

Figure 25

Figure 26

Figure 27

Figure 28

ERREURS COURANTES

Le service est le coup le plus difficile au tennis car il requiert une parfaite coordination des mouvements ; il est de ce fait l'objet d'une multitude d'erreurs.

- Dans la première position de service, le serveur ne doit pas être trop raide mais se pencher légèrement en avant en portant le poids du corps sur la jambe antérieure.
- Mauvaise position des pieds.
- Mauvaise préparation du coup : le service exige un balancement du corps permettant de prendre de l'élan. Peu de joueurs dominent vraiment ce mouvement.
- Ne pas plier l'avant-bras au niveau du coude empêche l'extension du bras nécessaire à l'attaque de la balle. Il y a des joueurs qui frappent la balle sans plier le coude, exécutant plus un crochet de basket qu'un service. Si l'on ne plie pas le coude, on ne peut pas donner de puissance au coup.
- Une des erreurs classiques est de ne pas bien savoir lancer la balle. Notre main gauche est maladroite parce que nous l'utilisons peu mais l'entraînement viendra à bout de ce handicap.
- La balle n'est pas lancée à la bonne hauteur ou bien on la laisse trop redescendre.
- Les mouvements du corps : le balancement et le déplacement du poids du corps d'arrière en avant au moment de frapper la balle sont mal exécutés.
- On n'a pas à regarder la balle au moment de l'impact.
- L'épaule, le coude et le poignet ne sont pas suffisamment levés empêchant ainsi l'accélération progressive de la raquette.
- Le coup s'achève du côté droit du corps freinant ainsi l'accélération de la raquette. Le coup s'achève à droite seulement dans le service lifté.

LA VOLEE

La volée

Définition : la volée est le coup au cours duquel la balle ne touche pas le sol.

Position du joueur

Pour effectuer la volée, le joueur doit être placé au milieu du cadre de service, sans être collé au filet car il serait alors la cible facile des lobs. Le joueur doit être comme dans la position d'attente, à quelques différences près :
1. Les jambes sont plus écartées et plus fléchies.
2. Le tronc un peu plus penché en avant.
3. Les bras un peu plus repliés.
4. La raquette un peu plus haute et plus en avant.

Divisons le coup en trois temps.

- *Premier temps : préparation.* Les épaules et les hanches pivotent, la tête de la raquette doit être plus haute que le poignet. Il ne faut pas trop rejeter la raquette en arrière car les distances sont plus réduites et vous n'auriez pas le temps de frapper la balle (fig. 29).

- *Deuxième temps : exécution du coup.* Attaque de la balle, fin du geste et déplacement simultané du poids du corps sur la jambe avant. Dans la volée de coup droit, on frappe la balle au niveau de l'épaule gauche, dans la volée de revers, on la frappe un peu en avant de l'épaule droite ; le coup s'achève au point d'impact, avec un accompagnement de la balle dans la direction voulue. Dans les volées basses, la tête de la raquette doit demeurer plus haut que le poignet ou du moins au même niveau. Le poignet doit être ferme et bloqué (fig. 30).

- *Troisième temps : retour à la position initiale.*

Figure 29

Figure 30

Volée de revers

ERREURS COURANTES

- Raquette trop basse en position initiale.
- Jambes peu fléchies.
- Tronc trop raide.
- Le poids du corps ne repose pas sur la pointe des pieds mais sur les talons.
- Peu de rotation des épaules et des hanches lors de la préparation.
- Poignet pas assez ferme au moment de l'impact.
- Vous ne regardez pas la balle au moment d'amorcer le coup.
- Vous ne déplacez pas le poids du corps sur la jambe avant au moment d'effectuer le coup.
- Dans les volées basses envoyées aux pieds, vous ne pliez pas les genoux.
- Vous laissez trop descendre la balle.
- Vous ne frappez pas la balle au point le plus haut.
- Vous préparez le coup en ayant la raquette trop en arrière.
- Après avoir terminé le coup, vous ne revenez pas assez rapidement à la position initiale et laissez des espaces vides. Ne pas gagner le point à la première volée c'est donner l'avantage à votre adversaire.

LE SMASH

Le smash

Figure 31

Définition : le smash est la riposte du lob.

Il existe deux types de smash :
1. Le smash direct, ou sans rebond,

Figure 32

Figure 33

à l'intérieur duquel nous pouvons inclure le smash ciseau ou smash accompagné d'un saut.
2. Le smash indirect ou avec rebond.

Technique du smash

- *Premier temps : préparation du coup.* Le joueur lève sa raquette, porte sa jambe droite en arrière, qui reste ainsi de côté, et, en même temps, lève son bras gauche qui lui sert de point de référence et d'équilibre (fig. 31).

- *Deuxième temps : déplacement et position des jambes.* Le joueur se déplace en avant ou en arrière en suivant la balle de l'œil ; il prend position, bloque ses pieds au sol, plie légèrement les genoux et écarte les jambes (fig. 32).

- *Troisième temps : attaque de la balle et fin du coup.* Le joueur lève le bras de la raquette (droit) à la rencontre de la balle et déplace le poids du corps sur la jambe avant. Le coup est exécuté au-dessus de l'épaule droite et s'achève sur le côté gauche du corps (fig. 33).

Le smash ciseau

Le smash ciseau est le smash effectué par un joueur qui doit sauter sur son pied droit pour atteindre la balle ; c'est un smash accompagné d'un saut.
1. Le joueur prépare son coup en portant le poids de son corps sur son pied droit et en prenant de l'élan pour s'apprêter à sauter (fig. 34).
2. Il frappe la balle en l'air en sautant (fig. 35).

3. Après avoir frappé la balle, il se laisse retomber sur la jambe gauche (fig. 36).

Figure 34

Figure 35

Figure 36

ERREURS COURANTES

- Préparation trop lente du coup donnant à la balle le temps de redescendre et la rendant ainsi difficile à atteindre.
- Mauvaise position des pieds, le joueur est placé de face au lieu d'être de côté.
- Ne pas lever le bras gauche, d'où déséquilibre sensible du corps et absence d'un point de référence dont on a toujours besoin pour frapper la balle.
- Ne pas regarder la balle au moment de frapper.
- Frapper la balle lorsqu'elle est à côté de soi et non pas au-dessus.
- Dans le smash ciseau, il est fréquent de sauter des deux pieds, il faut au contraire prendre appel du pied droit.

LE RETOUR DE SERVICE

Le retour de service

Ce coup est extrêmement important dans le jeu du tennis car il détermine celui des deux joueurs qui commencera à attaquer.

Si le renvoi est mauvais, notre adversaire profitera de l'occasion et prendra l'initiative du jeu, en nous mettant dans une position très dangereuse.

Il nous faut avoir des réflexes rapides et précis, savoir bouger avec une agilité extrême car, comme nous l'avons dit au chapitre sur le service, la balle peut atteindre une vitesse allant jusqu'à 240 km/h.

- *Premier temps : concentration.* Position d'attente derrière la ligne de fond (fig. 37).

- *Deuxième temps : flexion.* Le joueur s'approche de la ligne de fond, les jambes fléchies, le poids du corps reposant sur la pointe des pieds (fig. 38).

- *Troisième temps : mise en jeu.* L'adversaire lance la balle, le receveur exécute un saut ; ses jambes doivent être légèrement ouvertes et écartées de façon à avoir une meilleure stabilité (fig. 39).

- *Quatrième temps : réception et choix du coup à jouer.* Le joueur commence la préparation du coup en essayant de ne pas porter la raquette trop en arrière, ce serait une perte de temps ; il devra atteindre la balle au point le plus haut de son rebond. Immédiatement après avoir effectué le retour de service, il reviendra rapidement au milieu du court (fig. 40).

Figure 37

Figure 38

Figure 39

Figure 40

ERREURS COURANTES

- Manque de concentration.
- Corps trop raide.
- Fléchissement des jambes insuffisant.
- Raquette trop collée au corps.
- Vous ne sautez pas lorsque le joueur adverse lance la balle en l'air.
- Le bras est trop rejeté en arrière, ce qui retarde le coup et fait arriver la balle droit sur vous.
- Peu d'attention aux mouvements de l'adversaire.
- Coup mal achevé : la balle n'est pas accompagnée et reste au milieu du court.
- Poignet pas assez ferme au moment de la frappe.

LE LOB

Le lob

Le lob est un coup qui consiste à lancer la balle au-dessus de l'adversaire qui monte au filet, dans l'espoir de faire le point.

Contrairement à ce que les gens pensent, le lob est une arme très efficace car elle coupe les jambes et le courage de bon nombre de volleyeurs qui, montant au filet, se voient sans cesse obligés de revenir en arrière sans pouvoir atteindre leur but.

Il ne faut pas confondre « lancer des ballons » et envoyer un lob au moment opportun.

Pendant un échange de balles, « lancer des ballons », signifie envoyer des balles hautes dans le seul but de lasser l'adversaire pour éviter qu'il n'attaque : ceci ne sert à rien et ne fait que démontrer le manque de technique du joueur. On peut envoyer deux ou trois balles hautes après un jeu fatigant mais une fois que l'on a récupéré ses forces et son énergie, il faut recommencer à bien jouer.

Envoyer un « ballon » au moment opportun, lorsqu'un adversaire monte au filet pour exécuter une volée, en le faisant ainsi reculer avec un lob défensif, ou gagner un point avec un lob d'attaque lifté, est une bonne tactique à utiliser surtout si l'adversaire n'est pas un bon smasheur.

Le lob défensif

En général, le lob défensif est envoyé par le joueur qui, ayant perdu sa position, doit se défendre en lançant la balle en hauteur.

- *Technique.* Raquette légèrement ouverte et achèvement du coup avec la raquette très élevée, en accompagnant la balle au maximum, comme si elle était collée à la raquette.

Le lob d'attaque

C'est un coup mortel car, lorsque la balle rebondit, elle effectue un saut qui la rend vraiment impossible à rattraper pour autant que le joueur courre.

- *Technique.* Il est exécuté en frappant la balle de bas en haut par un coup du poignet qui imprime à celle-ci un effet parabolique et la fait passer à quelques centimètres de la raquette de notre adversaire.

C'est un coup très utilisé dans les doubles.

ERREURS COURANTES
- Frapper la balle sans l'accompagner.
- Amorcer le coup en ayant la raquette peu ouverte.
- Ne pas regarder la balle au moment de l'exécution du coup.
- Avoir le poignet trop ferme dans le lob lifté si bien que la balle demeure basse et facile pour l'adversaire.
- Achèvement du coup insuffisant.
- Envoyer un lob en face ou à droite du joueur qui va smasher, au lieu de l'envoyer à gauche.
- Envoyer un lob et rester figé sans reculer de quelques pas et sans s'appuyer sur la pointe des pieds.

LE DROP-SHOT

Le drop-shot

Définition : c'est un coup consistant à envoyer une balle molle (amortie) pour qu'elle atterrisse le plus près possible du filet.

Le meilleur moment pour exécuter un drop-shot se situe après un long échange de balles alors que notre adversaire se trouve sur la ligne de fond.

Le secret du drop-shot est dans la feinte du coup, c'est-à-dire faire croire à notre adversaire que nous allons exécuter un coup long.

Il est très difficile de tenter le drop-shot depuis le fond du court : la balle risque en effet de ne pas franchir le filet. C'est donc une arme à double tranchant : si nous l'exécutons bien, nous marquons un point, si nous l'exécutons mal, c'est notre adversaire qui gagne.

Le drop-shot doit être exécuté en diagonale et, avec rétro-effet, c'est en général un coup imprenable. Il exige beaucoup de malice, et il est utilisé en principe pour changer le rythme d'un match et pour attirer au filet un adversaire ayant un jeu très ferme du fond du court et le surprendre grâce à un passing ou un lob.

Personnellement, j'utilise ce coup pour défaire le jeu d'un adversaire qui est très sûr de son jeu du fond du court ; immédiatement après avoir exécuté le drop-shot, je monte au filet et j'attends le retour forcé de la balle ; lorsque la balle est renvoyée, j'exécute un lob au-dessus du joueur qui est souvent imprenable. Il ne faut pas abuser du drop-shot et ne l'utiliser que lorsque notre adversaire ne s'y attend pas. Après avoir exécuté un drop-shot, je vous conseille de monter au milieu du court, à la hauteur de la ligne de service, pour former le double mur (filet et joueur). De cette façon, le joueur qui veut renvoyer le drop-shot, soucieux de relever la balle, ne vous verra pas et, même s'il vous voyait, ce serait déjà trop tard et il vous redonnerait la balle en vous permettant ainsi d'achever le jeu par une volée ou un lob. Mais si vous ne montez pas au filet, le joueur qui vient relancer le drop-shot peut arriver à vous renvoyer la balle au fond du court, prenant ainsi l'avantage en essayant d'achever votre balle depuis le filet.

Le drop-shot est un coup délicat dans lequel excellent les joueurs adroits.

ERREURS COURANTES

- La principale erreur des joueurs est de vouloir réaliser trop de drop-shots pendant un match. Or, nous avons déjà dit qu'un bon drop-shot ne peut être exécuté que si l'on surprend l'adversaire.
- Exécuter un drop-shot du fond du court est une erreur grave car il présente trop de risques pour le joueur qui l'envoie.
- Il ne faut pas essayer d'envoyer la balle au milieu du court mais sur les côtés sinon nous perdons du terrain et aidons notre adversaire à gagner.
- Pour le drop-shot, nous ne devons pas trop laisser descendre la balle, il vaut mieux la frapper par le haut.
- Il ne faut pas courir lorsqu'on exécute le drop-shot mais faire en sorte que les pieds reposent bien au sol pour plus de stabilité.
- N'effectuez jamais de drop-shot si votre adversaire est monté au filet car il atteindrait facilement la balle.

LA DEMI-VOLEE

La demi-volée

La demi-volée est une balle frappée immédiatement après le rebond. C'est une balle que l'on utilise à la suite d'un mauvais jeu de jambes.

Elle joue un rôle très important dans les montées au filet car notre adversaire essaiera de lifter la balle à nos pieds et, si nous n'avons pas atteint l'endroit adéquat pour exécuter la volée, nous n'aurons pas d'autre solution que de tenter de rattraper cette balle avec une demi-volée ou faire un pas de plus pour adopter une meilleure position et exécuter la volée.

Du fond du court, la demi-volée est utile lorsque nous recevons une balle basse et que nous n'avons pas le temps de nous éloigner. C'est généralement une balle défensive mais, bien exécutée, elle peut devenir coup d'attaque.

Pour exécuter une demi-volée liftée, nous devons incliner la tête de la raquette en avant.

ERREURS COURANTES

- Ne pas fléchir les jambes.
- Ne pas accompagner la balle après l'exécution du coup.
- Tête de la raquette trop fermée.
- Poignet relâché au moment d'effectuer le coup.
- Ne pas regarder la balle.
- Ne pas reculer au moment de frapper.
- Rester raide au moment de l'impact.
- Ne pas porter la raquette au point où la balle va rebondir mais un peu plus en arrière.

LA TACTIQUE DU JEU

LES COURTS DE TENNIS ET LES MODALITES DU JEU

LA TACTIQUE DES COUPS

La tactique du jeu

Qu'est-ce que la tactique ? C'est le plan de jeu d'un joueur qui essaie de vaincre son adversaire dont il connaît les points faibles.

Nous pouvons élaborer la tactique d'un match avant qu'il commence (en prenant des notes ou en regardant des films sur notre futur adversaire) ou pendant le déroulement même du match (tactique improvisée).

Pour pouvoir utiliser une tactique appropriée, le joueur de tennis doit avoir une technique parfaite, une connaissance exacte et détaillée du court, des zones de jeu et des endroits où envoyer la balle pour tel ou tel coup.

Le joueur de tennis est seul à lutter contre son adversaire, personne ne peut l'aider à vaincre, il ne peut compter que sur son intelligence, sa résistance, sa volonté, sa concentration, sa forme physique.

Parfois, un joueur de tennis doit, en une fraction de seconde, décider de la tactique à suivre en choisissant entre trois ou quatre possibilités. Le champion réussit toujours son choix, le joueur médiocre y parvient quelquefois mais souvent se trompe.

Pour devenir un champion de tennis, il faut avoir une connaissance parfaite de son adversaire mais il est vrai, également, qu'il faut avoir une connaissance précise de soi-même. Un joueur ignorant ses propres réactions dans des circonstances données ne sera jamais un bon joueur de tennis.

En tennis, on ne peut devenir quelqu'un qu'à force d'entraînement, non seulement pratique (heures de jeu) mais aussi physique (préparation physique). Le lecteur ne doit pas oublier qu'un match de tennis n'a pas de durée fixe et qu'il peut se prolonger pendant cinq heures ; la technique et la tactique ne servent alors à rien si nos jambes fléchissent ou si notre esprit succombe à la fatigue ; dans cet état, nous deviendrons facilement la proie d'un adversaire peut-être moins technique que nous mais ayant une condition physique meilleure.

A part les professeurs et les livres, une des meilleures écoles que je connaisse (car par malheur ou par chance, je suis un autodidacte en matière de tennis), c'est la compétition. Mon expérience personnelle m'a prouvé qu'un joueur qui n'a pas eu de professeur est plus rusé qu'un autre simplement parce qu'il a dû découvrir peu à peu des jeux et des coups sans être influencé par des règles précises. Par contre, le joueur ayant eu un professeur suit un modèle préconçu et automatique qui l'empêche parfois d'improviser.

Lors des compétitions nous pouvons nous trouver face à deux types de joueurs :
— le joueur technique,
— le joueur attaquant.

Le joueur technique. C'est celui qui utilise la force que son adversaire donne à la balle. C'est le joueur averti, il a une maîtrise excellente du court et connaît bien les coups ; il est capable d'envoyer une balle avec une précision au millimètre près. Généralement, il oblige son adversaire à se déplacer jusqu'à trouver l'endroit libre où il pourra attaquer. Ces joueurs sont de véritables artistes, car ils élaborent leur jeu comme une araignée tisse sa toile. Dans la plupart des cas, ils font des services bien placés et leur arme principale est le drop-shot, le lob lifté et les passing-shots qu'ils dominent à la perfection. Ils font le régal du public au cours d'un tournoi.

Le joueur attaquant. C'est celui qui frappe la balle sans cesse, qui ne laisse à son adversaire ni trêve ni répit et dont la maxime est : « La meilleure défense est l'attaque ». Dans le tennis moderne, les joueurs adoptent de plus en plus ce style (exemples : Jimmy Connor's et John Mc. Enroe).

Les courts de tennis et les modalités du jeu

Il existe plusieurs sortes de terrain : bois, herbe, ciment, asphalte, terre battue, etc.

Nous pouvons donc diviser les terrains en deux catégories :
— les courts rapides,
— les courts lents.

Les courts rapides

Sur ce type de court, on a peu de temps d'échanger des balles du fond, par conséquent les joueurs adoptent la tactique du service et de la montée. Les coups qu'il faut dominer dans ce type de jeu sont : le service puissant, la volée bien placée et le smash avec effet et bien placé également.

Les courts lents

Sur ce genre de terrain, les joueurs ont plus de temps pour observer la balle, ce qui donne lieu à un échange de balles jusqu'à ce que l'un des adversaires s'éloigne de la position centrale vers le fond du court.

La tactique des coups

Le service

Le service constitue peut-être le coup le plus important au tennis puisque le joueur a l'avantage de pouvoir lancer la balle où il veut.

Qualités que doit avoir un bon service :
— variation constante de la direction des balles ;
— variation constante de la frappe (plate ou avec un effet, liftée ou coupée).

● *Première balle*

— Envoyez le premier service dans les angles (fig. 41).
— Lancez « un boulet de canon » sur votre adversaire, il n'aura pas le temps de s'écarter.
— Servez-vous des effets pour faire déplacer votre adversaire.
— Coupez pour l'obliger à sortir du terrain.
— Le service lifté peut être utilisé pour la première et la seconde balle : il gêne beaucoup l'adversaire car le rebond est très haut ; il présente également un grand avantage pour le serveur car l'autre joueur ne sait pas exactement comment il va pouvoir retourner une balle aussi embarrassante.
— Parfois, surtout aux moments importants, il vaut mieux utiliser un service avec effet pour éviter le risque de commettre des fautes doubles !

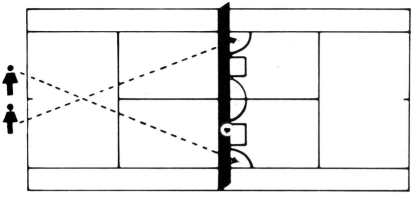

Figure 41

● *Deuxième balle*

— Faites un service long et visez le point faible de votre adversaire, qui est généralement le revers ; en principe, sur les courts rapides, on monte au filet après la seconde balle.
— Dans le second service, essayez toujours de prendre l'initiative.
— Si votre adversaire ne monte pas au filet et reste au fond du court, avancez un peu et interceptez la balle rapidement en jouant avec fermeté dans la zone que vous aurez choisie auparavant.
— Si votre adversaire monte au filet, essayez de lui renvoyer les balles sur les côtés (fig. 42).
— De temps à autre, renvoyez les balles et montez au filet ; cela surprend souvent l'adversaire.

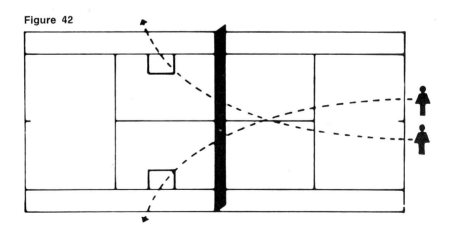

Figure 42

Le retour de service

Un retour de service doit avoir les trois caractéristiques suivantes :
1. Ne jamais manquer la balle.
2. Mettre en difficulté l'adversaire.
3. Prendre l'initiative.

— Lorsque vous recevez une balle très puissante, renvoyez-la toujours au centre ; si vous échouez, il vous reste la possibilité de faire entrer la balle.
— Si votre adversaire monte au filet après son premier service, faites un retour de service court, aux pieds, pour le mettre en difficulté.

● *Pour un service au centre*

Vous avez trois possibilités de renvoi : au centre, aux pieds de l'adversaire (D), croisé (C) ou parallèle (B) (fig. 43).

● *Pour un service croisé*

Celui qui effectue le retour de service déplacé en se trouvant en B, C et D comme nous le montre la figure 44.

Dans le second service, il faut toujours tenter de prendre l'initiative.
— Si l'adversaire reste au fond et ne monte pas au filet :
a) avancez un peu et prenez rapidement la balle ;
b) jouez avec décision dans la zone que vous aurez décidée auparavant.

Si l'adversaire monte au filet, essayez de faire un retour de service sur les côtés.
— Essayez de temps à autre de renvoyer la balle et de remonter au filet, ce qui surprend plusieurs fois l'adversaire.

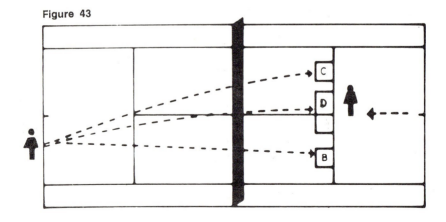

Figure 43

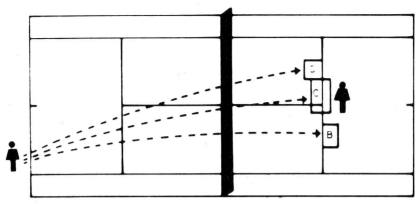

Figure 44

L'échange sur terre battue

Le but principal de cet échange de balles est d'aménager un espace libre pour pouvoir monter au filet.

Les caractéristiques fondamentales d'un échange de balles sont les suivantes :

— envoyer des balles longues du fond du court, si possible avec suffisamment d'effet, vous empêcherez ainsi à l'adversaire de vous attaquer.

— Obliger toujours son adversaire à courir (en envoyant des balles courtes et croisées). Mais restez sur vos gardes car les balles courtes sont dangereuses (fig. 45).

— Essayez toujours d'harceler votre adversaire en lui renvoyant des balles à contre-pied.

— Une fois que vous avez frappé la

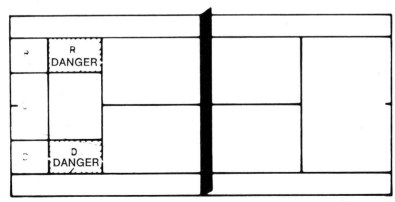

Figure 45

balle, il vous faut revenir rapidement au centre.
- Chaque fois que vous êtes en difficulté, jouez croisé.
- Frappez la balle le plus tôt possible.
- Changez constamment de rythme.
- Jouez en fonction du point faible de votre adversaire.
- Soyez agressif mais patient.

La volée

● *Volée de préparation*
Les volées de préparation sont exécutées pour préparer une volée définitive ; leurs caractéristiques principales sont les suivantes :
- le joueur est trop loin du filet pour pouvoir marquer le point ;
- le joueur est déplacé, en perte d'équilibre ;
- la balle est trop basse et il est impossible de marquer le point du premier coup ;
- généralement, ces volées sont longues et jouées du fond du court.

● *Volée de revers*
Visez un point faible, le revers de votre adversaire (fig. 46).

● *Volée de déplacement*
Exécutez une volée longue du côté opposé à votre adversaire pour le fatiguer ou le déplacer (fig. 47).

● *Volée à contre-pied*
Quand votre adversaire se déplace rapidement, dirigez la balle vers l'endroit qu'il vient de quitter (fig. 48).

● *Volée aux pieds*
Lorsqu'il n'y a pas d'espace vide n'hésitez pas, envoyez une balle aux pieds, elle est très difficile à renvoyer.

Figure 46

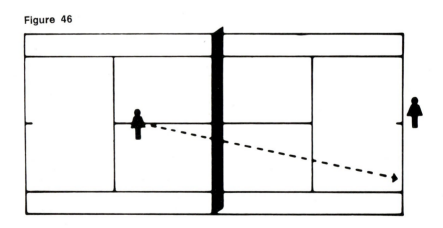

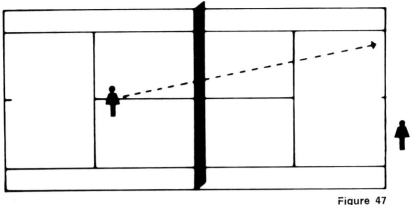

Figure 47

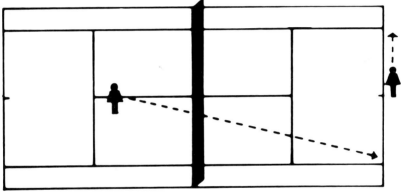

Figure 48

● *Volée au centre*
Quand un joueur a un bon passing-shot de coup droit aussi bien que de revers, il faut toujours jouer au centre (fig. 49).

● *Volée courte d'approche*
Elle sert à surprendre l'adversaire en l'obligeant à s'approcher. Dans la plupart des cas il arrivera trop tard et vous renvoie une balle facile à achever (fig. 50).

● *Volée définitive*
C'est celle qui permet au volleyeur de marquer le point du premier coup ; elle est exécutée près du filet et plus courte que la volée de préparation.

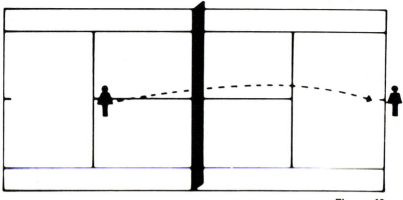

Figure 49

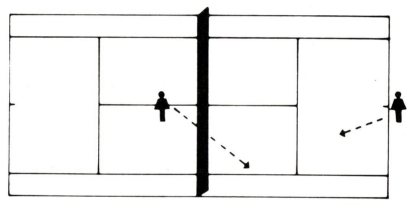

Figure 50

● *Volée de débordement*
Volée parallèle
Envoyée généralement sur la ligne de service, elle est dangereuse car si elle n'est pas arrêtée du premier coup, l'adversaire peut marquer le point. Lancez-la avec fermeté. Tenez compte du fait que le joueur doit frapper la balle à l'endroit le plus haut du filet (fig. 51).

Volée croisée
Elle est difficile à renvoyer car le joueur se trouve à l'autre bout du court. Il faut essayer de la placer sur la ligne de service.

● *Volée gagnante à contre-pied*
Volée croisée
Vous devez essayer de la placer sur la ligne de service (fig. 52).

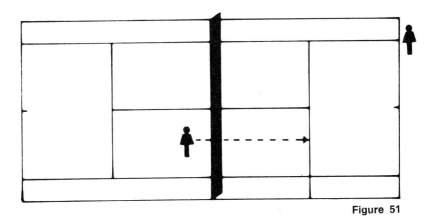

Figure 51

Volée parallèle
Elle est presque toujours imprenable car le joueur du fond du camp essaie de couvrir le vide qu'il a laissé (fig. 53).

● *Volées courtes croisées et les drop-shots parallèles*
Ce sont deux coups très difficiles à exécuter, par conséquent évitez de les utiliser trop souvent : il faut couper la balle de façon à l'empêcher de rebondir trop haut (fig. 54).

Figure 52

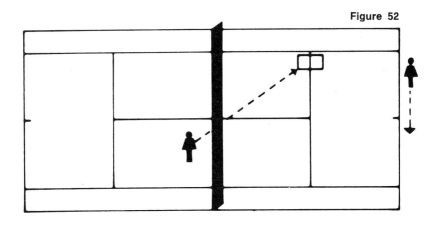

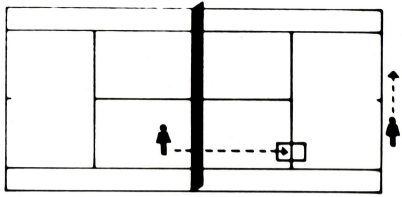

Figure 53

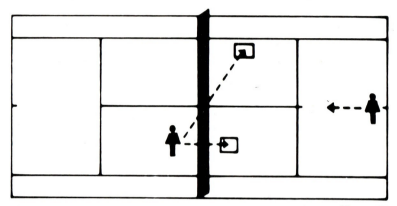

Figure 54

Le smash

● *Tactique*

Le smash est un coup exécuté pour marquer le point.
— Si vous êtes un bon smasheur, smashez en a et en b (fig. 55).
— Si vous n'êtes pas dans une position idéale, smashez loin en c (fig. 55).
— Si vous êtes un smasheur médiocre, ne cherchez pas à atteindre des zones trop difficiles, vous risqueriez de commettre une erreur ; essayez de smasher à un ou deux mètres derrière la ligne de service (fig. 56).

● *Smash après le rebond*
— Si vous êtes loin du filet, essayez d'envoyer la balle dans les angles, au fond du court (fig. 57).
— Si vous êtes près du filet, envoyer des balles courtes et croisées.

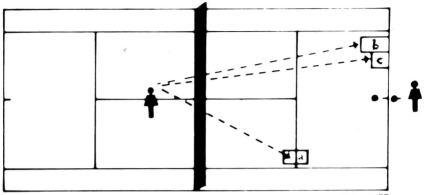

Figure 55

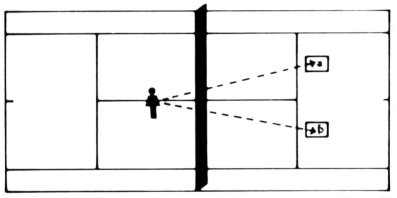

Figure 56

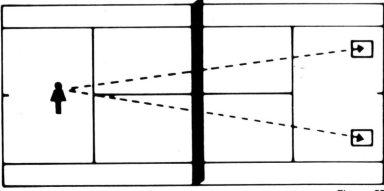

Figure 57

Passing-shot (défense)

● *En bonne position*

Lorsque vous êtes en bonne position, les deux passings les plus faciles à exécuter sont ceux de la figure 58.
Le meilleur coup pour le passing est le coup lifté.

● *Passing-shot aussi après avoir été déplacé*

Si vous avez été déplacé par votre adversaire, je vous conseille deux façons de riposter : par une balle liftée croisée ou une balle liftée parallèle si vous avez le temps (fig. 59) ; exécutez le coup croisé car, généralement, votre adversaire couvrira la zone du passing parallèle en montant au filet.

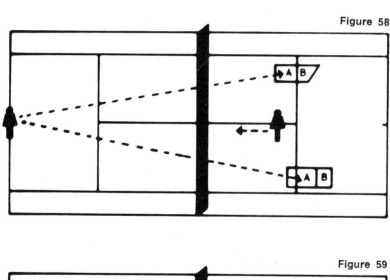

Figure 58

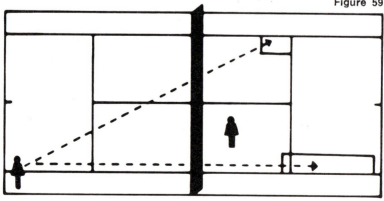

Figure 59

LE DOUBLE

Le double

C'est un jeu d'équipe, par conséquent les joueurs doivent se connaître parfaitement ; généralement, les équipes de joueurs de double s'entraînent ensemble depuis longtemps et s'entendent à la perfection.

Les coups qu'un bon joueur de double doit dominer sont le service, la volée et le smash.

Reportez-vous à la figure 60 pour ce qui est de la position des joueurs dans le double.

Figure 60

Tactique

— Essayer d'être toujours en action même si votre partenaire joue seul. Essayer de bouger et de penser que c'est vous qui avez la balle.
— Si votre partenaire est déplacé, couvrez le centre car, lui, couvre l'endroit où la balle est jouée.
— Vous devez toujours former un mur.
— Dès que possible, rejoignez votre partenaire qui se trouve au filet ; si l'un de vous deux reste au fond du court, il se forme un espace vide où vos adversaires peuvent attaquer.
— Lorsque vos adversaires montent au filet, envoyez à leurs pieds une balle liftée qui les obligera à la relever ; le partenaire qui se trouve près du filet marquera le point en traversant.
— Jouez au centre :
   a) pendant un échange de volées ;
   b) si vos adversaires se trouvent au fond du court.
— Lorsque vous recevez une balle haute, essayez de smasher mais ne reculez pas ; si la difficulté est trop grande, frappez la balle tant bien que mal du fond du court, puis, avec votre partenaire, remontez rapidement au filet car, si vous vous en éloignez trop, vos adversaires monteront pour attaquer.
— Dans un échange de volées rapprochées, si vous ne voyez pas d'espace vide, envoyez la balle sur le corps de votre adversaire, du côté de sa volée de drive ; il aura plus de difficulté à la relancer.
— Si, plusieurs fois de suite, vous êtes attaqué par deux joueurs, envoyez une série de balles hautes pour essayer de rompre le mur et pour les empêcher de trop se rapprocher.
— Essayez d'envoyer un lob lifté car le double exige un jeu plus diagonal qu'en simple.

Le serveur

— Il ne doit jamais se trouver près du centre car son partenaire couvre déjà une partie du court.
— Essayez toujours de faire en sorte que la première balle soit bonne.
— Variez les effets.
— Chaque fois que vous le pourrez, envoyez les balles de service sur le revers de votre adversaire.
— Oubliez le coup plat.
— Montez au filet dès que vous avez terminé le service.
— Si le receveur reste en arrière, faites une volée très longue dans sa direction ; de temps en temps, lancez des balles courtes pour faire monter le joueur qui reste au fond.
— Si le receveur monte, lancez-lui une volée à ses pieds.

— Si votre partenaire vous croise pour intercepter le retour de service, changez rapidement de position et couvrez l'espace vide qu'il a laissé.

Le partenaire du serveur

— Le partenaire du serveur a pour mission d'intercepter les balles du receveur.
— Il doit prendre garde qu'on ne lui lance pas de balle haute car ceci signifierait perdre la position au filet.
— En cas de croisement, son partenaire doit échanger sa place.
— Restez constamment en mouvement pour que vos adversaires ne sachent pas si vous allez vous croiser ou non ; cela les inquiètera et leur fera commettre des erreurs.

Le receveur

— Il faut qu'il sache habilement renvoyer un service aux pieds de son adversaire.
Evitez les coups droits, utilisez les coups liftés.
— De temps à autre, essayez de rejoindre votre partenaire au filet.
— Envoyez une balle haute au-dessus du joueur qui est au filet et montez.

Le partenaire du receveur

— Il doit se trouver à peu près à un mètre du filet.
— Sa mission consiste à intercepter les volées que le serveur a mal envoyées.
— Il faut qu'il s'aperçoive s'il s'est écarté et couvrir alors rapidement son couloir sur le court.
— Si son partenaire exécute un mauvais retour de service, il doit reculer immédiatement pour essayer de ne pas perdre le point.

Table des matières

Introduction	page	9
Tableau synoptique des coups fondamentaux du tennis	»	11
Coup droit ou "drive"	»	11
horizontal	»	11
chop	»	11
lifté	»	11
Revers	»	11
horizontal	»	11
coupé (topspin)	»	12
lifté (backspin)	»	12
Lob	»	12
d'attaque	»	12
défensif	»	12
Smash	»	13
direct	»	13
indirect	»	13
Drop-shot (balle amortie)	»	13
Demi-volée	»	13
Volée	»	14
haute ou d'attaque	»	14
basse ou défensive	»	14
Service	»	14
plat	»	14
coupé	»	14

lifté	page 15
Technique de base	» 19
Position d'attente	» 20
La prise de la raquette	» 21
Prise continentale (marteau)	» 21
Prise orientale (eastern)	» 22
Prise occidentale (western)	» 23
Le coup droit (ou drive)	» 24
Séquence des mouvements	» 24
Points importants	» 24
premier temps : préparation	» 24
deuxième temps : impact	» 24
troisième temps : fin du coup	» 24
quatrième temps : retour à la position d'attente	» 24
Erreurs courantes	» 26
Le revers	» 27
Points importants	» 27
premier temps : préparation	» 27
deuxième temps : impact	» 27
troisième temps : fin du coup	» 27
Erreurs courantes	» 27
Les effets dans le coup droit et le revers	» 29
Erreurs courantes	» 31
Jeu de jambes	» 34
Erreurs courantes	» 36
Le service	» 39
Etude du service en quatre temps	» 39
premier temps : préparation du coup	» 40
deuxième temps : lancement de la balle	» 40
troisième temps : moment de la frappe	» 40
quatrième temps : fin du coup	» 40
Service coordonné en deux temps	» 43
premier temps	» 43
deuxième temps	» 43
Service coupé	» 45
Service lifté	» 46
Erreurs courantes	» 48
La volée	» 51

définition	page 51
position du joueur	» 51
premier temps : préparation	» 51
deuxième temps : exécution du coup	» 51
troisième temps : retour à la position initiale	» 52
Erreurs courantes	» 54
Le smash	» 57
définition	» 57
types de smash	» 57
Technique du smash	» 58
premier temps : préparation du coup	» 58
deuxième temps : déplacement et position des jambes	» 58
troisième temps : attaque de la balle et fin du coup	» 58
Le smash ciseau	» 58
Erreurs courantes	» 60
Le retour de service	» 63
premier temps : concentration	» 63
deuxième temps : flexion	» 63
troisième temps : mise en jeu	» 63
quatrième temps : décision et choix du coup à jouer	» 63
Erreurs courantes	» 66
Le lob	» 69
Le lob défensif	» 69
Le lob d'attaque	» 70
Erreurs courantes	» 70
Le drop-shot	» 73
Erreurs courantes	» 74
La demi-volée	» 77
Erreurs courantes	» 78
La tactique du jeu	» 81
Les courts de tennis et les modalités du jeu	» 83
les courts rapides	» 83
les courts lents	» 83
La tactique des coups	» 84
Le service	» 84
première balle	» 84
deuxième balle	» 85
Le retour de service	» 86

pour un service au centre	page 86
pour un service croisé	» 86
L'échange sur terre battue	» 87
La volée	» 88
volée de préparation	» 88
volée de revers	» 88
volée de déplacement	» 88
volée à contre-pied	» 88
volée aux pieds	» 88
volée au centre	» 89
volée courte d'approche	» 89
volée définitive	» 89
volée de débordement	» 90
volées courtes croisées et drop-shots parallèles	» 91
Le smash	» 92
tactique	» 92
smash après le rebond	» 92
Passing-shot (défense)	» 94
en bonne position	» 94
après avoir été déplacé	» 94
Le double	» 97
Tactique	» 98
Le serveur	» 98
Le partenaire du serveur	» 99
Le receveur	» 99
Le partenaire du receveur	» 99

*Achevé d'imprimer
en avril 1983
à Milan, Italie, sur les presses
de Grafiche Milani*

*Dépôt légal: avril 1983
Numéro d'éditeur: 849*